Viel Kurioses Innen

Notizbuch für Leute mit Liebe zum Seltsamen

Band I

Kurt Heppke

Bibliografische Information der Deutschen Nationalbibliothek:
Die Deutsche Nationalbibliothek verzeichnet diese Publikation
in der Deutschen Nationalbibliografie; detaillierte
bibliografische Daten sind im Internet über http://dnb.dnb.de
abrufbar.

Herstellung und Verlag: BoD – Books on Demand,
Norderstedt

ISBN: 978-3-7543-7963-9

Dieses Buch gehört

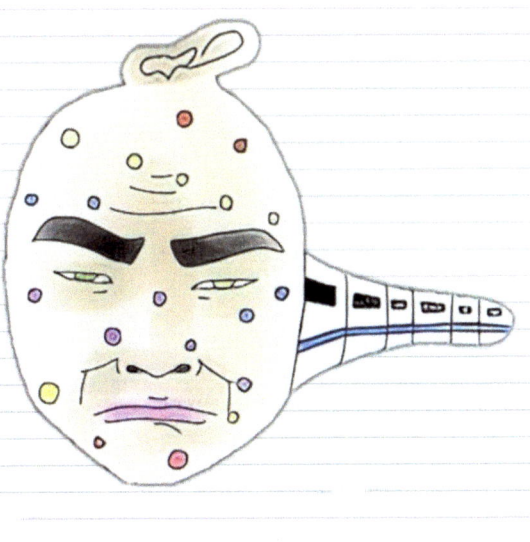

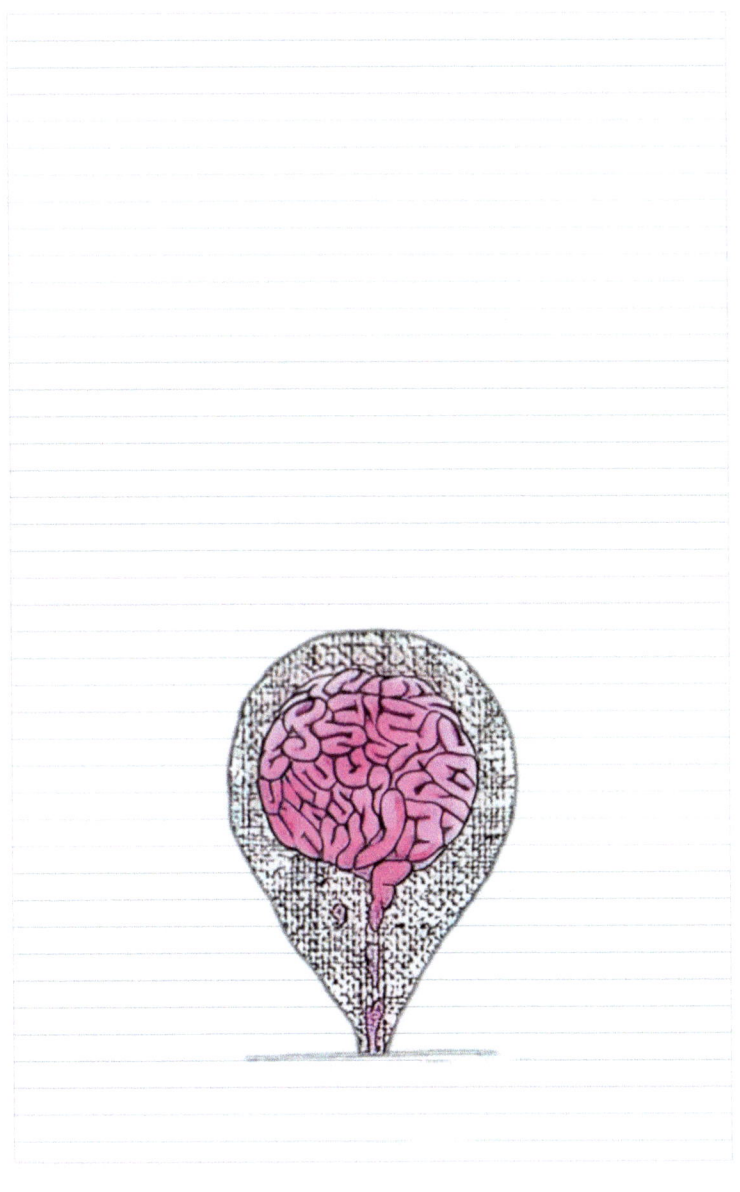

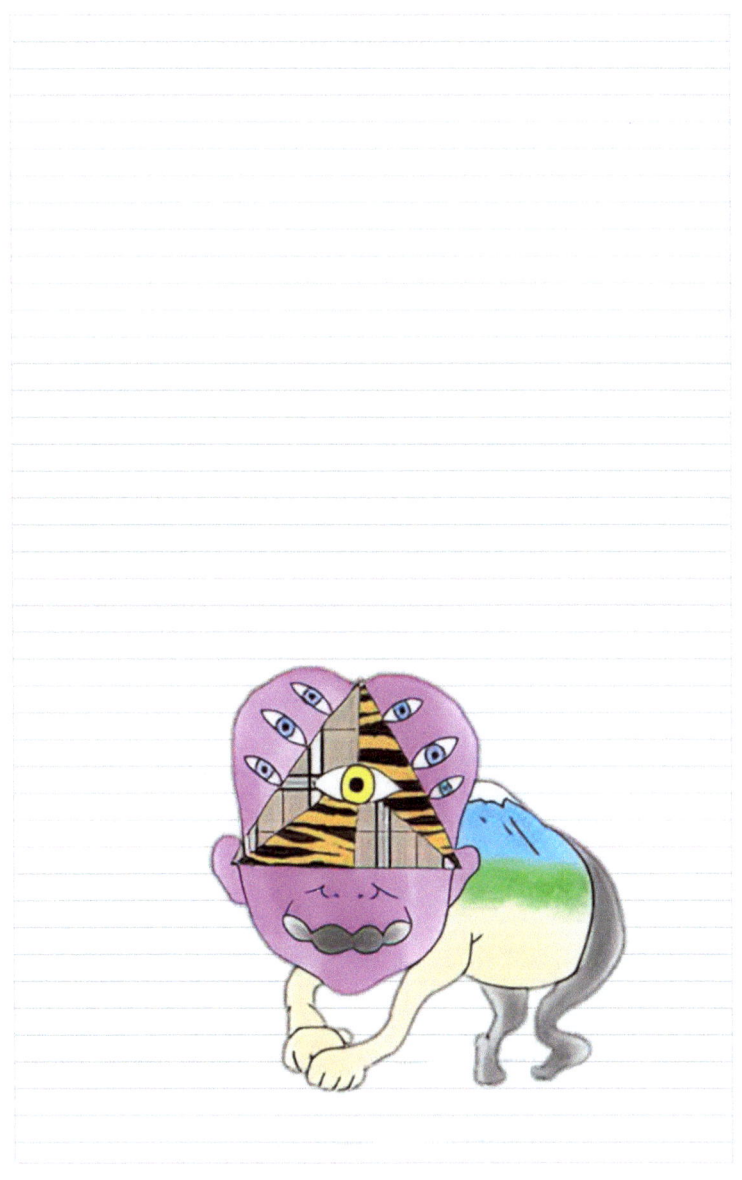

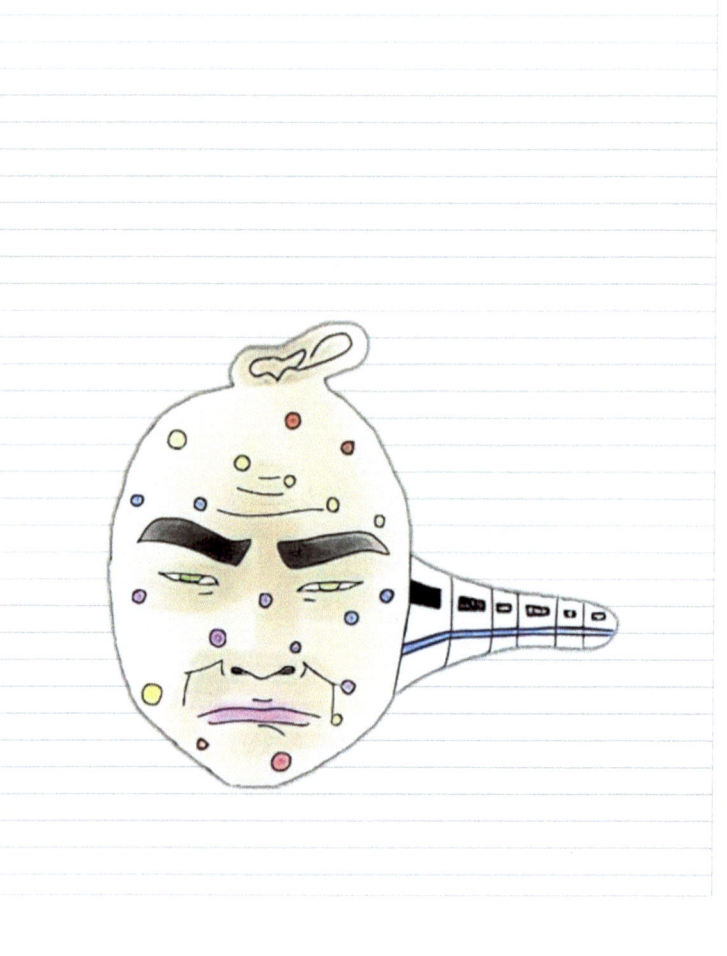

30

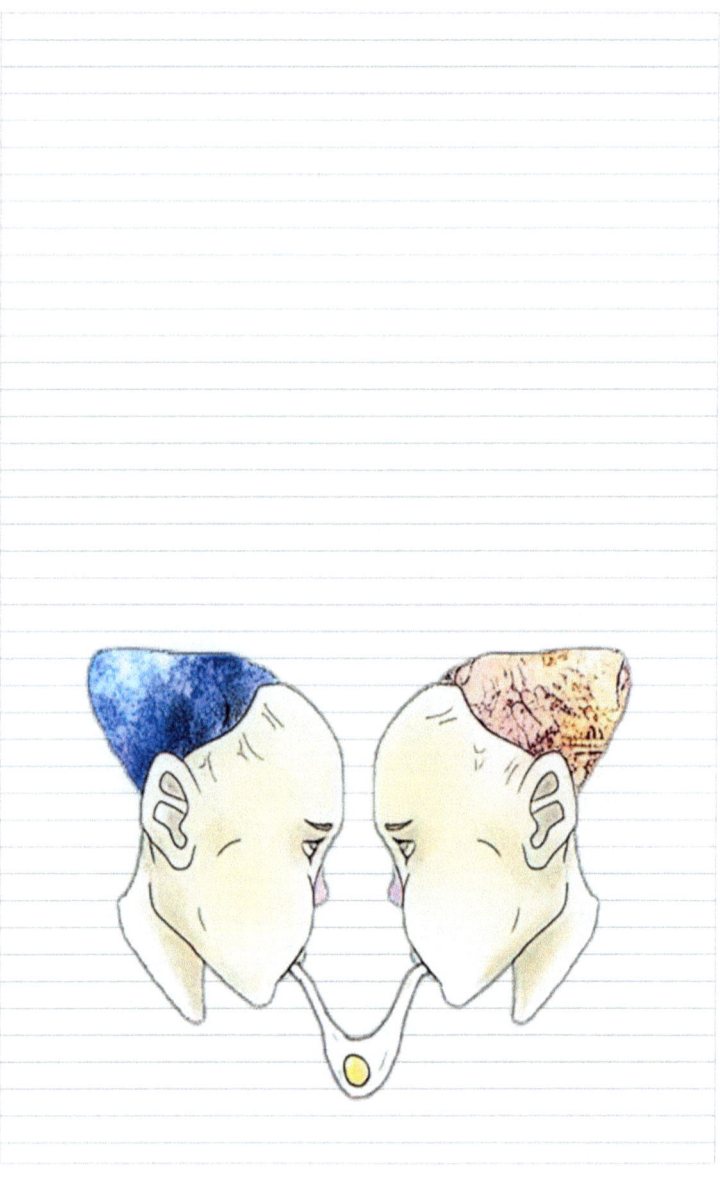

Mehr von mir können Sie hier finden:
https://www.kurtheppke.com/